SALAKAHVIT

Runojen
puutarhassa

Pertti Lehmuskoski

SALAKAHVIT

Viides runokirja sarjassa
Runojen puutarhassa
Kangasalla syyskuussa 2019

Sisältää runot:

Salakahvit

Puutarhassa
juotiin kahvit salassa
vain me kaksi
ihan vain huvin vuoksi

Ruusutarhassa
kesän kukkien seassa
aivan salaa
nautittiin pientä makupalaa

Omassa tammistossa
suurten puiden suojassa
juotiin kahvit upeista
Arabian kahvikupeista

Aivan salaa
ei yhtään seuraajaa
vain koska on niin mukavaa
juoda kahvit salaa

Salaisuuden
osaanko pitää sen
pienen juttumme yhteisen
oman hetken salaisen

Tervetuloa mukaan
pikkuisen kurkistamaan
kesäiseen runojen puutarhaan
jotain täältä nyt kuitenkin jaan

Lakritsipurkilla

Äiti kutsuu lasta
mitään ei kuulu

Äiti kutsuu uudelleen
edelleen täysi hiljaisuus

Äidin uteliaisuus herää
jotain outoa on ilmassa

Äiti menee katsomaan
onko kaikki kunnossa

Pieni tyttö kyyristelee
vaatehuoneessa
sen perimmässä piilossa

Äiti menee luo
puhuttelee hellästi
vetää lapsen luokseen
mikä sinulla on rakas lapsi

Tyttö ei nosta päätään
silmät on kiinni
suun ympärillä on mustaa
äiti tietää heti mistä on kyse

Oletko sinä käynyt
lakritsipurkilla

Mmmmm...
tyttö nyökkää

Äitihän on sanonut
että itse ei saa ottaa

Mmmm...
tyttö nyökkää

Nyt sinä olet ollut tuhma
etkö olekin

Mmmm...
tyttö nyökkää

Itkun sekaiset silmät
nousevat
katsovat äitiin
lapsi nyyhkyttää

Lupaatko
että et enää ota
ilman lupaa

Mmmm...
lapsi nyökkää
niellen kyyneliä

Rakas äidin tyttö
äiti painaa huulensa
tytön otsalle

Nyt mennään pesulle
äiti kantaa lasta
puristaen
rakastaen

Naama pestään
kädet pestään
paita vaihdetaan
kyyneleet pyyhitään

Aloitetaan alusta
pahat teot
on anteeksiannettu
unohdettu

Jotain on jälleen opittu
ja elämä jatkuu

Pieni purjevene

Pieni purjelaiva
narun päässä
tuuli sitä heiluttaa
laineet liplattaa

Poika pitää narusta
paljaat varpaat hiekassa
lippalakki vinossa
katse pienessä laivassa

Pieni purjelaiva
valkoista ja punaista
mastossa pieni purje
ommeltu silkkikankaasta

Isällä oli samanlainen
vuosia sitten lapsena
juuri saman ikäisenä
pienenä purjehtijana

Se oli silloin
isoisän veistämä
tämä tässä pieni purjevene
on oman isän tekemä

Aurinko paistaa
purjevene hiljaa keinuu
matalassa vedessä
kesän suloisessa lämmössä

Isä katsoo poikaansa
kuinka rakas tämä onkaan
katsellessaan aarrettansa
iloitsee mielessään

Maailman meri edessä
purjehtijat sen tuulissa
ainoa turvansa on Jeesuksessa
auttajansa myrskyissä

Tule Jeesus ja siunaa lastas
läpi elämän matkan
tuulissa tyynessä
vie kotiin perille satamaan

Tulliasemalla

Lentoasemalla
tavaroita kulkee hihnalla
ihmisiä lähtee ja tulee
eteenpäin
tunkee ja parveilee

Perheitä
yksinäisiä lähtijöitä
mummoja ja vaareja
hienoja virkamiehiä
maailman matkaajia
turisteja
isejä ja äitejä
lapsia ja nuoria

Liput varattuina
passit käsissään avattuina
tarkistus kullekin vuorollaan

Matkatavarat hihnalle
sisältö avautuu ruudulle
epäilyttävät nyssäkät
tarkistetaan avaamalla
rikokset löydetään
tällä tulliasemalla

Jumala
minun Isäni

Tarkasta sydämeni
paljasta ajoissa vääryyteni
puhdista sisimpäni
armollasi ihmeellisellä
suurella rakkaudella

Anna elämäni
läpäistä tarkastuspaikkasi
kaikkinäkevä katseesi
auta viimeisellä
tulliasemalla
anna päästä luoksesi

Merellä

Aavalla ulapalla
Selkämerellä
suuren veden äärellä
majakkasaarella
myrskyssä
sateen piiskatessa
kallioluodoilla

Mahtava luonto
suuruus
syvyys ympärillä
kauneutta
kaikkialla
hyvä on olla pienellä
ihmisellä

Ihmettä suurta
olla pelastettu
armahdettu
vapautettu
kaikki on valmistettu
taivas on avattu
armo alas laskettu

Aamuinen kalaretki

Rantakaislikossa
istuu poika yksin veneessä
airot sivuille sojottaa
niillä eteenpäin vetää venettään

Hiljaa soutaa
ettei osu vene kiveen
vaaran paikat kiertää
taidolla kalastajan kokeneen

Herännyt on poika aamuun
aurinkoiseen
tuntee ihollaan nyt lämmön
päivänpaisteen

Kaislat hiljaa suhisee
veneen liikkuessa vesi väreilee
nostaa poika katseen
räpiköintiin sorsapoikueen

On lähtenyt poika tänään kalaan
ensin katiskaansa katsomaan
vanha paikka taattu kala-apaja
vaikka onkin siinä vesi matala

Nostaessa katiskaa
kuulee jo kuinka kalat polskuttaa
avaa luukun kaataa saaliin
turvaan vanhaan peltiämpäriin

Katiskansa heittää veteen
tuttuun kohtaan uudelleen
uutta saaliin tarkastusta
odottamaan huomiseen

Nyt suuntaa poika ongelle
pois rannalta vähän ulommalle
tietää kohdan
hyvän saalispaikan ahvenille

Sinne ahvenheinän sekaan
heilauttaa onkeaan
eikä kulu kauaakaan niin pääsee
poika ensimmäistä nostamaan

Kalaa nousee yhtenään
ei ehdi onkija pitkästymään
kuluu aika joutuin kalassa
hommassa kaikkein hauskimmassa

Lopulta rannalta jo huudetaan
ala rantaan poika tulemaan
rientänyt on aika nopeaan
ruokapöytään poikaa odotetaan

Iloisesti poika soutaa rantaan
näyttää vanhemmilleen kalojaan
ruoan jälkeen aikoo perkauspaikkaan
käydä perkaamaan saalistaan

Poika on oikea kalamies
seuraaja Pietarin kenties
laillaan kerran ihmisiä saalistaa
se työ nuorta kalastajaa odottaa

Kaksi virtaa – kaksi suuntaa

Ihmettelen
miten nopeasti
joki teki mutkan
poispäin

Aiemmin se kulki
lähempänä rajaa
kiertäen mutkitellen
jopa koskettaen

Suuri virta
valtavirta
maailman virta
kulkee nyt poispäin

On toinen virta
se joka puhdistuu
erottuu lujittuu
ottaa selvän suunnan

Maailman virta
on pettymysten virta
tyhjyyden epätoivon
kuoleman virta

Puhdistettua puroaan
pientä joukkoaan Hän
Lähde käyttää työssään
uponneita nostamaan

Muista Kidronin puroa
Elian odotuksen aikaa
muista Jabbokin virtaa
Jaakobin taistelun paikkaa

Jumalan virta
on aina elämän virta
voiman rauhan pelastuksen
virvoittava kaksoisvirta

Käy virtaan
käy nilkkavesiin
käy niin että yltää lanteisiin
käy syviin uimavesiin

Isän näköinen poika

Poikasena ollessani
tuli meille kerran vieras
katsoi minuun ja sanoi

"Onpas siinä
isänsä näköinen poika!"

Se oli mannaa minulle
se tuntui niin hyvälle
isänsä näköinen poika

En ole joku outo
jostain salaa tuotu
olen isän näköinen poika

Itsetunto kasvoi
epätietoisuus hälveni
tiesin kenen näköinen olen

Jumalan kuvaksi luotu
näin sanotaan
näkyykö se minusta

Puhtaus rakkaus
taivaan ilo ja rauha
se on Isän ominaisuus

Vapahtajan ristin kautta
sovituksen ansiosta
armosta olen Isän lapsi

Olisin voinut ostaa

Olisin voinut ostaa

Toffeeta
lakritsaa
softkarkkeja
omareita

Kettukarkkeja
vihreitä kuulia
karkkikimaroita
mix pusseja

Ostin

Appelsiineja
päärynöitä
banaaneja ja
puoli kiloa kahvia

Terveellinen valinta

Olisin voinut valita
tien ilman Jumalaa

Valitsin
tien Jeesuksen kanssa

Koivun oksa

Vihreänä roikkuu koivun oksa
tuulessa hiljaa heiluu
vähän aikaa sitten vielä tyhjänä
ohuena runkona
vaatimattomana
ilman lehtiä
lähes huomaamattomana
mitättömänä

Monen ihmisen kuva itsestään
masennuksen
epäuskon
toivottomuuden kuva
monen ihmisen näky
toisista ihmisistä ympärillä
huomaamattomia
lehdettömiä oksia tuulessa

Kevään lämpö
auringon valo
taivaan lämmin sade
ne saivat ihmeen aikaan
tyhjät oksat muuttuivat täysiksi
rangat muuttuivat vehreiksi
nyt täynnä elämää
täynnä voimaa

Tyhjä ihminen
mitätön
huomaamaton
itseään halveksiva
toista ihmistä näkemättä
kuollut ranka
Elämä voi sen muuttaa
rakkaus armo anteeksianto
taivaan hyvyys

Kesän aika on tullut
muutoksen aika on tullut
elämän kasvun aika
tule Kristuksen lämpö
muuta meidät
ei enää tyhjänä heilumaan
tuulessa vaan elämää täynnä
todellisessa Rakkaudessa

Juhannus

Valoa päivällä
valoa yöllä
valoa poudalla
valoa mustien pilvien takana
valoa myrskyllä ja sateella

Keskikesän juhla
kesän valon juhla
suven juhla
juhla surujenkin takana
murheiden painamana

Juhannus
Johanneksen juhla
hänen joka julisti
että on tehtävä parannus
kastaja ja edelläkulkija

Tien valmistaja
polkujen raivaaja
sydänten avaaja
suurelle sanomalle
suurimmalle Tulijalle

Juhannus
Jumalan juhla
pienten ihmisten juhla
nöyrtyvien juhla
valmistautumisen juhla

Salasana

Ihmisen elämään on salasana
ilman sitä on kaikki hukassa
ihminen eksyksissä
mieli maassa
sivut pysyvät suljettuina
tärkein salattuna

Taas unohtui tuo salasana
ei ole muistissa
ei kirjoitettuna vihoissa
ei pysynyt mielessä
olen toivottomana
avuttomana

Lähettäkää uusi salasana
paluupostissa
uudessa viestissä
vastauksessa
odotan malttamattomana
levottomana

Tulee uusi elämän salasana
se on Sanassa
tutussa turvallisessa
Joh.3:16:ssa
avain ovia availevana
käyttöön valmiina

Sieluni elämäni salasana
vaellan sen voimassa
olen turvassa
sisimpäni täydessä levossa
sydän luottavana
heikkona armahdettuna

Linnun tie

Lintu liitää
korkealle kohoaa
on vapaa
huolet on täällä alhaalla
murheet muualla
vapaus vie
tuulten mukana

Pieni linnun poikanen
pudonnut pesästä
on eksyksissä
pelokkaana
pois lämpimästä
vanhempien turvasta
emonsa huolenpidosta

Mieluummin olisin
korkealla
liitäen taivaalla
kaartelisin
lentäisin vaan ylemmäs
mieluummin olisin vapaa
vailla huolia suurissa tuulissa

Tutumpaa olla
pesästä pudonnut poikanen
eksyneenä
avuttomana
hukassa
yksin huoltensa kanssa
vieraana maailmassa

Alhaalla opin enemmän
nöyryyttä ehkä rakkautta
rukoillen huudan apua
ylhäällä tulen ylpeäksi
huolettomaksi
ylenkatson muita
alhaalla on minulle parempi

Oma äiti

Minun oma äitini
olet rakas
olet antanut elämäsi omille lapsillesi
parhaasi
kaiken rakkautesi

Olit kotona kun tulimme koulusta
olit siellä
ja siksi se oli koti
emme tulleet tyhjään kotiin
tulimme lämpimään pesään

Koti oli lämmin
sinä olit siellä
kätesi jälki näkyi siellä
läsnäolosi tuntui siellä
puhtaus oli siellä ja rauha ja ilo

Arvostan sitä kotia
sitä ilmapiiriä
hyviä ruokiasi
lämpöisiä pulliasi
rakkaudella tehtyjä pannareita

Arvostan sinua äiti
rakastan sinua äiti

Tyynellä järvellä

Veden pinta oli kaunis
airoista pisarat tippuivat
ja tekivät renkaita veden pintaan
aurinko paistoi
ja kultasi taivaalla pilven reunoja
kahvi maistui hyvältä
ja pulla oli paljon parempaa
kuin kotona syötynä

Ensimmäistä kertaa
oltiin soutelemassa
vaimon kanssa
tämän kevään lumien sulettua
kaunis hetki yhdessä
vaimo otti kuvia instaan
lähetti niitä myös lapsille
lähetti minullekin jaettavaksi

Lapsenlapsi kotonaan katsoi
ukkia veneen airoissa
virkkoi sitten: ukki laivassa
laivassa tosiaan
pienessä lasikuituveneessä
lapsi näkee enemmän
suurempia
omalla lapsen tavallaan

Tahtoisin nähdä minäkin
lapsen lailla
tahdon nähdä itseni
siinä suuressa laivassa
jonka kapteeni on Jeesus
laivassa joka kulkee perille
monien elämän myrskyjen läpi
taivaan kotisatamaan asti

Pakkopullaa

Pakkopulla
miltä se maistuu

enemmän petäjältä
kuin nisulta

enemmän suolaiselta
kuin makealta

enemmän happamelta
kuin hunajalta

enemmän taakalta
kuin etuoikeudelta

enemmän rasitteelta
kuin helpotukselta

enemmän tuskalta
kuin suurelta ilolta

Niin usein elämä
on pakkopullaa

väkisin raatamista
ahdistuksen kantamista

tuskaista
murheessa vaellusta

Anna meidän maistaa
vielä nisua
makeaa hunajaa

Anna meidän kokea
lapsen etuoikeutta
helpotusta ja iloa

Anna pakkopullan
sijaan sitä oikeaa elämää
puhtautta ja tarkoitusta

Anna Herra Jeesus ilosi
läsnäolosi kosketuksesi
armosi siunaus ja rikkaus

Myllynkivi

Pieni ihminen
pahan maailman keskellä

Hyväksikäytetty
itse sitä ymmärtämättä

Rikki raastettu
ilman omaa syytä
tuhottu

Pahaan saastaiseen
rikolliseen
julmaan käyttöön
alistettu

Välineeksi
esineeksi
himojen kohteeksi
otettu

Se tuntuu niin
pahalta ja väärältä

Mutta joka viettelee
yhden näistä pienistä
jotka uskovat minuun

Sen olisi parempi
että myllynkivi
ripustettaisiin
hänen kaulaansa

Ja hänet upotettaisiin
meren syvyyteen

Hyisellä merellä

Tule tänne lapsi lautalle
tule sinäkin pieni poika
tule äiti vauvasi kanssa

Minä annan oman paikkani
itse astun pois

Tässä on tilaa
vielä jollekin
hukkuvalle
itkevälle
hätääntyneelle

Tule sinäkin vanhus
itse astun pois
että kaikille teille
tilaa oisi

Minä jään hyiseen mereen
henkeni uhraan

Näin teki eräs rakkaus
Jeesus vapahtaja ristillä
paikan valmisti
hyisellä merellä
pelastuslautalla
oman henkensä antoi

Orjalaiva

Laiva täynnä pakolaisia
orjia orjiksi vietäviä
petettyjä
haaveilla lupauksilla matkaan saatuja
valheilla eksytettyjä
ei vapauteen
ei onnelan paratiisiin
ei rikkauksiin
matkalla vaan kahleisiin
orjuuden kahleisiin
laiva
nykyajan kaleeriorjien laiva
matkalla syvyyksiin

Pitäisikö päästä perillle
valheisiin
kahleisiin
eksyksiin
tyhjiin lupauksiin
petollisiin haaveisiin
ei tuhannen tuhannesti ei
pysäyttäkää se
pysäyttäkää nykyajan kaleeriorjien laiva
kääntäkää sen suunta
ohjatkaa vapauteen
ohjatkaa siihen rantaan
ja siihen satamaan
missä on vapaus
ikuinen vapaus

Myöhäistä

Myöhäistä
myöhäistä
myöhäistä
on rientää kentälle
kun lento on jo lähtenyt

Myöhäistä
myöhäistä
myöhäistä
on tulla asemalle
kun juna on matkaansa jatkanut

Myöhäistä
myöhäistä
myöhäistä
on kolkuttaa ovia
kun kauppa on ovensa sulkenut

Myöhäistä
myöhäistä
myöhäistä
on sitten enää katua
kun ihmisen aika on loppunut

Myöhäistä
myöhäistä
myöhäistä
on sitten enää huutaa
kun armonajan on hyljännyt

Myöhäistä
myöhäistä
myöhäistä
on sitten enää anella
kun ei aikanaan kelvannut

Myöhäistä
myöhäistä
myöhäistä
on sitten enää taipua
kun ei ole ennen nöyrtynyt

Myöhäistä
myöhäistä
myöhäistä
on sitten enää kysellä
kun ei ole täällä kuunnellut

Myöhäistä
myöhäistä
myöhäistä
on kuoleman jälkeen katsoa
kun ajassa on sydämensä sulkenut

Turkin kääntö 1

Voisinko kääntyä ylösalaisin
sisäpuoli ulospäin
ja ulkokuori sisällepäin
niinkuin nahkaturkki käännetään

Minä itsekeskeinen ihminen
sisäänpäin kääntynyt
itseeni sulkeutunut
itseäni aina vain ajattelevainen

Omia murheitani murehtivainen
hautoen synkkyyttäni
katsoen omaa napaani
kaiken aikaa suruuni tuijottavainen

Voisinko nähdä toisten murheen
toisten hädän
toisten itkun ja tuskan
nähdä ihmisten yksinäisyyden

Voisinko saada tehtävän uuden
armon tuojan
rakkauden jakajan
vilpittömän autuaan antajan osan

Voisiko oma elämäni muuttua
voisinko iloa kokea
voiko masennus loppua
oma surkeuteni kokonaan unohtua

Voisinpa voisinpa todella
toisia kuunnella
kättänsä pidellä
lohduttaa jollain hyvällä sanalla

Voisinpa yhtä ihmistä auttaa
kanssaan aikaa viettää
valoa osoittaa
Valoon ja vapauteen johdattaa

Opeta minua katsomaan muita
opeta palvelemaan
opeta rakastamaan
opeta Herrani kanssasi kulkemaan

Turkin kääntö 2

En turhaan turkkiani kääntänut
ylösalaisin elämääni
löysin salaisen taskun
jota ennen koskaan en huomannut

Taskua tutkin vetoketjun aukaisin
jännityksestä sekaisin
käden taskuun työnsin
oliko tyhjä vai mitä sieltä löysin

Nyt tiedän se kääntö kannatti
löysin aarteen
löysin omaisuuden
elämän kokoisen tulevaisuuden

Kun muille itseni annan ja uhraan
itse aarteen saan
uuden taskun kun avaan
Herrani vuodattaa rakkauttaan

Kaadettu pihapuu

Nyt se kaatui
se pihapuu
se vaahtera joka
ikkunan alla ennen seisoi

Se puu
jonka pöntössä
moni lintuemo
poikasiaan vuorollaan hautoi

Se pihapuu
jonka tuuheat oksat
varjonsa loi
ja suojansa meille antoi

Se oksansa
liian pitkiksi työnsi
ja juurensakin
talon jalkaan asti kasvoi

Nyt se kaatui
vain kanto jäljelle jäi
puupinoon varren ja oksat
poikamme pieniksi katkoi

Nyt niin kirkkaasti
aurinko keittiöön loistaa
aamuaurinko tuo
joka ennen vain salaa paistoi

Moni asia liian suureksi
on elämässä tullut
niihin suuriin oksistoihin
elämän tärkeät asiat peittyi

Kun se suuri puu kaatui
se vanha pihapuu
armon valon ennen peittänyt
sydän rakkauden valolla täyttyi

Ennen peitti se valon
perustuksenkin vahvan särki
nyt näen olen vapaa
Kristuksessa orjuus päättyi

Moni asia niin kaunis
sydämen aikaan vain sitoo
on siksi parempi kuitenkin
että totuus valheen kaatoi

Muukalainen

Ole hiljaa
et mahdu joukkoon
kaikki huutaa kilpaa
sinun sulautua täytyy
yhteiseen kuoroon

Ei ole sulle tilaa
olet liian erilainen
ilomme se pilaa
ilman läsnäoloas
on joukko yhtenäinen

Ristiinnaulitse
huutaa kansa vihainen
kuolemaan tuomitse
tuo muukalainen
kulkija erilainen

Ei ole sulle tilaa
maailmassa vääryyden
paha täällä käyttää valtaa
kieltää tahtoo kaiken
entisajan totuuden

Ei voi olla hiljaa
lähettiläät Jeesuksen
he katselee jo kaukaa
sitä suurta päivää
paluuta Kristuksen

Edelleen kansa huutaa
voimalla suurten syytösten
se vanhurskauden vaientaa
omaa vääryyden tietään
ylpeästi mainostaa

Muista totuus voittaa
vaikka ääni pahuuden
nyt ylimpänä kaiuttaa
voima nimessä Jeesuksen
sen kaiken pahan kaataa

Lujana kärsi pahaa
tiellä taisteluiden
muista suurta Auttajaa
voimaa suurten lupausten
nyt nouse askeleitaan seuraa

Lapsen lailla kotona

Kotiin tullaan erilailla kuin kylään
kotona käydään suoraan pöytään
mennään omaan sänkyyn nukkumaan
omiensa keskellä eletään
omassa saunassa kylvetään
omasta kaapista leipää syödään

Vieraissa aina vähän kursaillaan
peremmälle astutaan
kun sinne ensin kutsutaan
pöytään istutaan
kun paikka pöydässä osoitetaan
ajallaan hyvästellään ja poistutaan

Tätä ihmiseltä nyt kysytään
me kerran täältä jokainen lähdetään
onko suuntana tie taivaan kotimaan
onko minulla sydän vieraan vai
olenko tullut Jeesuksen tuntemaan
vain lapset kotiin perillä otetaan

Elämääni kun Jeesuksen saan
silloin minut lapseksi tunnetaan
kokonaan pestään ja puhdistetaan
voin kulkea vapaana lapsenaan
Häneen kaikessa luotan ja turvaan
koen jo taivaallista iloaan

Katseesi

Sinä katsoit minua
et katsonut syyttävästi
et katsonut kovasti

Sinä katsoin säälien
katsoit hellästi
katsoit kutsuvasti

Sinä katsoit suoraan
silmistäsi loisti rakkaus
sulatit sydämeni

Sinä katsoit sisimpääni
katsoit parantavasti
sydämeni eheytyi

Sinä katsoit puhtaasti
muutit elämäni täysin
olen omasi ikuisesti

Vapaa kulkija

Damaskon tietä
kuljin minäkin
raskain askelin
sidottuna orjaksi valheen isännän

Kahleet käsissä
kahleet jaloissa
kahleet sydämessä
sidottuna orjaksi valheen isännän

Iloton
onneton
täysin toivoton
sidottuna orjaksi valheen isännän

Vihasin
tietään vastustin
muitakin pahaan ohjasin
sidottuna orjaksi valheen isännän

Ilmestyi
Hän Kirkkaus
minulle kurjalle joka olin
sidottuna orjaksi valheen isännän

Niin vapauduin
uuden toivon näin
en enää vaatteissa vangin
sidottuna orjaksi valheen isännän

Vaan vapaa oon
tähän armoon ansioton
nyt iloitsen ja riemuitsen
vapaana orjuudesta valheen isännän

Kaunis rakkaus

Armo on kuin ihmisen kädet
jotka nostavat ikkunaan lentäneen
pikkulinnun maasta antaen levätä siinä
kunnes se pyrähtää jälleen lentoon

Armo on kuin meressä uiva sukeltaja
joka vapauttaa ahdistetun eläimen
verkoista joihin tämä on sotkeutunut
iloitsee kun sidottu saa uida vapauteen

Armo on kuin ihminen
joka tulee oikealla hetkellä paikalle
kun lapsi on kaatunut pyörällä ja itkee
nostaa syliin varovasti ja rauhoittelee

Armo on ihmeellinen silloin
kun Vapahtaja nostaa uupuneen ihmisen
pesee ja pukee puhtaisiin
antaa anteeksi ja tekee lapsekseen

Armo näyttää niin kauniilta
kun saa katsoa rakkauden tekoja läheltä
niitä tekoja toivoisi olevan enemmän
välittävän rakastavan ihmisen hyvyyttä

Armo tuntuu niin hyvältä
kun saa ottaa vastaan omalle kohdalleen
kun saa maistaa ja tuntea rakkautta
taivaallisen Isän suurta hyvyyttä

Lahjavero

Annoitko lahjan
tai saitko
tiesitkö että sellainenkin on
kun lahjavero

Jos lahja oli pieni
niin se ei koske sua
jos se oli suuri
silloin lain koura vaatii veron

Jos isät ja äidit tienasi
ja maksoi jo kaikesta veron
ja sen lapsilleen lahjaksi antoi
laki määrää siitäkin lahjaveron

Kaikkein suurinta lahjaa
ei laki ja verokarhukaan tunne
jos tietäisi ja tuntisi
siitäkin veron varmaan määräisi

Se suurin lahja jo päällä maan
ja arvossaan perillä kerran
on se lahja ja armo Jeesuksen
joka uskolla otetaan vastaan

Se lahja se elämä
sekin veronsa varmasti vaatii
mutta sitä suurinta lahjaa ja antia
ei kukaan rahassa mitata saata

Peltoni sato

Tahdon saada sadon
kylvän siis siemenen

Tarvitsen siemenen
itselläni ei ole
on hankittava muualta

Tarvitsen valon
minulla ei ole
se on saatava ylhäältä

Tarvitsen kasteluveden
itselläni ei ole
tarvitsen sitä vesilähteistä

Tarvitsen elämän
minussa ei sitä ole
se on oltava siemenessä

Tahdon saada sadon
siksi kylvän siemenen
otan vastaan valon
kastelen peltoni vedellä
taivaalta
maan sisästä
järvistä
joista
pihakaivoista

Kaikessa olen riippuvainen
ikuisen elämän lähteestä

Hän sanoi
minä olen tie totuus
ja elämä

Neuvottelut

Sinä olet ja elät
näet ja kuulet
saan sinulta vastauksen

Siksi rukoilen
puhun ja kuuntelen
odotan ja neuvottelen

Sinä autat
ohjaat ja kohtaat
olet suuri ja voimallinen

Sinä kuolit
syntini kannoit
nousit ylös taivaaseen

Sinä olet ja elät
sydämeeni tulet
annat Henkesi voimallisen

Sinä yksin olet
suuri ja voimallinen
murrat voimat pahan ja pimeyden

Luja perustus

Pitkä matka takana
tuntematon tulevaisuus edessä
tässä hetkessä elän

Luotan
uskon
toivon
rakastan

Jalkojeni alla on maa
tänään se kantaa
kuinka kauan

Koko elämän perusta on Sana
ikuisesti pysyvä
taisteluissa kestävä
ikuisen toivon antava
ikuisen rakkauden virtana

Sana kestää
minä pysyn Sanassa

Jumalan Sana
on elämäni luja perustus

Juoksijan osuus

Olen viestin viejä
kapula on minulla
haluan osuuteni hyvin juosta
kapulan voittajana maaliin tuoda
siksi vain olen kilpailussa mukana

Haluan voittaa
en ollakseni voittaja
en lyödäkseni muita
haluan saattaa viestin maaliin asti
on kyse vain viestin Antajan kunniasta

Olen saanut kutsun
juoksu ei ole yksin minun
kutsu kuuluu kaikille
viesti on kutsu koko maailmalle
jokaiselle murheiselle eksyneelle
ihmiselle

Eteenpäin riennän
kapulan mukanani pidän
sen viestin tärkeimmän
kun maalisuora ihmiselle koittaa
voittopalkinnon viesti kantajalleen
tuottaa

Nyt viestikapulan ojennan
sen sinun käteesi annan
ota viesti ota sama kapula
lähde mukaan suureen kisaan
lähde juosten viestiä eteenpäin
saattamaan

Päivänkakkara

Yksinäinen päivänkakkara
lasipurkissa
maailmassa on miljoonia
päivänkakkaroita

Miksi tämä päivänkakkara
on ainutlaatuinen

Koska sen on tuonut ulkoa
lapsi kolme vee
antanut mummilleen
selän takana piilotellen

Tämä on ainutlaatuinen
päivänkakkara

Koska lapsi kolme vee
on ainutlaatuinen mummille
kuten tämä päivänkakkara
lasipurkissa

Pieni mutta arvokas

Ihminen
vain pieni mullan murunen
suuressa pellossa

vain pieni hiekan jyvänen
muun hiekan seassa

vain pieni vesipisara
suuressa valtameressä

vain pieni saven sirunen
savenvalajan käsissä

vain pieni ihminen
suuressa ihmisjoukossa

Kuitenkin jokainen ihminen
on kuin kultahippunen
kullankaivajan astiassa

kuin hiomaton timantti
kallion syvissä kätköissä

kuin astia
arvokasta käyttöä vailla

kuin veden tuoja
janoiselle juoda

Herra Jeesus Kristus
ota elämäni
puhdista se
hio itsellesi
tee astiaksesi
anna tarkoitus elämälleni

Niin eläisin kunniaksesi
arvokkaana jalokivenä
puhtaana astiana
aitona ihmisenä
yhteydessäsi
käytössäsi taivastasi varten

Lastu

Veistetty
pieni lastu
kuivasta puusta
nuotiossa
puiden seassa
kun se syttyy
sytyttää se muita
saa nuotion palamaan
tulen roihuamaan
veistetty lastu
viluisille
lämpöä suomaan
valoa
pimeään tuomaan

Suo minun olla
se pieni lastu
kuivasta puusta
veistetty
syttymään
nuotion puita
sytyttämään

Tyhjä paikka

Sisimmässäni
oli paikka
tyhjä
ei siihen
löytynyt palaa

Sovitin
tyyliä kovaa
ei istunut
en tyytynyt
olin levoton

Sovitin
palaa hienoa
unelmaa
toisten luomaa
ei se ollut omaa

Yritin
palaa
palapelista
toisesta
sekin oli vierasta

Tyhjyyttä
levottomuutta
murhetta
kaikki se toi
elämäni rikkoi

Löytyi vihdoin
pala armon
rakkauden
pala uskon
Jeesuksen

Se sopi
täydelleen
poisti
tyhjyyden
paransi sydämen

Juuri oikean
kokoinen
tyhjän paikan
muotoinen
antoi vapauden

Iloitsen
tuo pala
ristinsä
muotoinen
täytti tyhjyyden

Kirja

Luen Kirjaa
ihmeellistä Kirjaa
päivittäin
tiedän että muutkin lukevat
lukemattoman monet
tuhannet
miljoonat
kymmenet jopa sadat miljoonat
lukevat päivittäin

Se Kirja
on tehnyt nämä ihmiset
onnellisiksi
he ovat löytäneet sen ytimen
sen sanoman
se on tehnyt heidät iloisiksi
antanut uuden voiman
antanut tarkoituksen elämään
antanut päämäärän

Se Kirja
on vapauttanut heidät
syyllisyydestä
paheista
paheiden orjuudesta
tyhjyydestä
päämäärättomästä vaelluksesta
se on vapauttanut iloon
rauhaan rakkauteen

Se Kirja
on tehnyt minut onnelliseksi
tekee päivittäin
en häpeä sitä
en luovu siitä
luen sitä edelleen päivittäin
vaikka se tehtäisiin laittomaksi
rikolliseksi
luen koska se on Elämän Kirja

Raikas kesän tuuli

Mitä kesätuuli meille tuo
mitä kuljettaa se mukanaan
mitä puhuu oksat nuo
jotka tuuli laittaa heilumaan

Raikas kesän puhallus
voi väsynyttä virvoittaa
se on kuin tuulen halaus
kun ylitsemme puhaltaa

Tuuli myrskyksi myös voi yltyä
mustin pilvin taivaan peittää
sateiksi poutailma kääntyä
julmat puolensakin näyttää

Kesän tuuli purjehtijan ystävä
se purjeen pyöreäksi täyttää
aalloilla ulapalla auttava
venettään eteenpäin kuljettaa

Saa tuulimyllyt pyörimään
sähköä omistajilleen tuottaa
siten auttaa säästämään
voimaa luonnon osoittaa

Tuuli suunnasta Siperian
tuo kylmän ilman tullessaan
kesäloman viettäjän
saa vilusta hytisemään

Kesän tuulen puhallus
olkoon lämmin tai vilpoinen
on luonnon suuri salaisuus
ei päätä siitä ihminen

Sen kaltainen on myös elämä
milloin tänne tullaan
ei ole vallassamme syntymä
ei milloin täältä kuollaan

Usko suureen Jumalaan
antaa ihmiselle täyden turvan
johtaa mielet syvään rauhaan
keskellä kylmän maailman

Puhalla Jumalan tuuli
hiljaa tai myrskyn lailla
rukoukset taivas ennen kuuli
puhalla taas herätyksen tuuli